EXERCICES PRATIQUES

DE

STYLE.

TROISIÈME PARTIE.

(Traductions.)

STYLE SIMPLE.

(Partie de l'Élève.)

PAR

P. CUREL.

TOULON. — Imprimerie Ve Baume, rue de l'Arsenal, 17.

STYLE SIMPLE.

Embellir la pensée et la développer au besoin.

1. Toutes les créatures louent Dieu : l'impie est isolé dans le monde.

2. Celui qui aime les émotions se transporte partout où il croit en trouver.

3. Florence est placée dans une plaine fertile comme un jardin. Elle est belle à voir surtout au printemps.

4. Les hypocrites sont méchants, bien qu'ils parlent avec douceur.

5. Un peuple peut, par de grandes victoires, se ruiner et devenir esclave.

6. L'homme n'est pas l'œuvre du hasard.

7. L'intérêt rend vil, injuste et malheureux.

8. Un homme perspicace connaît un menteur.

9. La tempête éclate ; les éclairs brillent ; le tonnerre est répété par les échos ; le lac est agité ; les vents soufflent ; le pin et le chêne chancellent ; l'arbrisseau plie ; les nuages s'entrechoquent, et la pluie inonde bientôt la contrée : les ruisseaux deviennent des torrents, les cascades de grandes chutes d'eau, et la vallée est couverte de débris.

10. On raisonne bien tant qu'on ne parle pas intérêt.

11. On est coupable quand on croit l'être.

12. L'ambitieux agit en paraissant inactif.

13. La richesse ne couvre pas les défauts.

14. Plus on cherche à s'amuser, plus on s'ennuie.

15. On ment et on déraisonne quand on se dispute.

16. Déserte et fertile, l'île de la Gorgone (Quel nom ?) fait peur à voir. L'Indien n'ose y entrer : nuages, vents, tonnerres, pluies fréquentes, grêles, foudres et éclairs dans l'air; sur la terre, à l'intérieur, montagnes et forêts obscures, vallons fangeux, torrents; sur les bords, rochers où les flots se brisent; on y entend le bruit des vents; on y voit de longs serpents qui entourent la tige des arbres, et beaucoup d'insectes avides de proie. Telle est l'île de la Gorgone.

17. La parure fait ressortir la laideur.

18. Pour faire remarquer ses bonnes qualités, on parle de ses défauts.

19. Le doute est bon en matière de science, mauvais en matière de religion.

20. Les sots affligent davantage en voulant consoler.

21. Il est dangereux d'agir dans la colère.

22. Il peut y avoir de l'orgueil à rendre tout de suite un bienfait pour un bienfait reçu.

23. La conscience avertit et punit.

24. Les éloges qu'un auteur se donne sont odieux.

25. Les hommes seraient mal ici-bas si tous leurs désirs s'accomplissaient.

26. La mort explique la vie.

27. Les heureux s'ennuient.

28. Les hommes se font gloire des dons que Dieu leur fait.

29. Quelquefois la peur nous fait courir, quelquefois elle nous arrête.

30. On vivrait autrement si l'on savait ce qui se passe en l'autre monde.

31. N'enviez pas le bonheur d'autrui.

32. Le criminel dort mal.

33. Si chacun aimait les beautés de la nature, il n'y aurait plus d'ambitieux.

34. L'enfant ne voit la vie que par son beau côté; il ne prévoit ni dangers ni malheurs; sans préjugé comme sans souci, il ne pense qu'à des choses agréables; s'il éprouve quelque chagrin, il se dissipe bientôt. Peut-on imaginer un être plus gracieux, plus gai et plus gentil?

35. On devient plus pur en méditant sur la mort.

36. Partout où il y a beaucoup de riches, il y a beaucoup de pauvres.

37. L'homme vivant en société n'est pas libre de tout dire.

38. Un homme poli est souvent dur.

39. Un homme religieux est plus fort qu'un autre dans le malheur.

40. Le désordre serait parmi nous, si tous les héros de roman venaient à exister.

41. Se donner des airs de luxe dans la misère, c'est hideux.

42. Quand on s'élève, on devient insolent.

43. On ne peut simuler l'amitié véritable.

44. Un homme ambitieux réfléchit beaucoup et devient inhumain.

45. Un homme fin de caractère n'est ni bien vicieux ni bien vertueux.

46. Notre amour-propre nous exagère notre mérite.

47. On peut être doux et ferme tout à la fois.

48. Dans le malheur on s'abandonne à un ami.

49. Quand l'imagination s'exalte, elle s'égare.

50. Celui qui, étant d'une basse naissance, s'élève malgré cela, a un double mérite.

51. Lorsque j'étais dans la haute mer, je prenais plaisir à dessiner les nombreux nuages qui se suivaient dans l'air. Ils se réunissaient du côté du couchant, à la fin du jour, et ils y prenaient toute sorte de formes et de couleurs.

52. Quand on se dispute, on perd la raison et l'on se fait réciproquement un mal irréparable.

53. « On n'a pas oublié à Paris une nuit qui
« désola bien des mères. Le mariage d'un conqué-
« rant était célébré par les soins d'un ambassa-
« deur d'Allemagne ; un palais avait été élevé à
« la hâte et il y avait un grand nombre de flam-
« beaux ; il était magnifiquement décoré : colon-
« nes festonnées, guirlandes, chiffres entrelacés,
« symboles de toute sorte, frais de couleurs au ver-
« nis combustible. Personne ne prévoyait un
« malheur au milieu de la joie. Une étincelle
« causa un immense incendie dans ce lieu où
« tant de monde était réuni pour danser.

« Les cris, les gémissements prirent la place du
« bruit des instrumens ; l'édifice s'ébranlait et
« plusieurs personnes déjà avaient été écrasées.
« Loin d'éteindre le feu, le peu d'eau qu'on y je-
« tait ne faisait que l'exciter. On s'embarrassait en
« voulant fuir, et dans cette horrible confusion
« on était surtout ému, en voyant les mères déses-
« pérées qui se jetaient dans les flammes pour
« sauver leurs filles ; on s'oubliait soi-même en
« voyant ce dévouement. L'édifice fut brûlé en
« quelque instants. Une princesse chérie de tout
« le monde y périt, et le lendemain, on y trouva le
« cadavre d'une mère qui serrait sa fille dans ses
« bras, et à peu de distance des morceaux de bras-
« selets, des pierreries, des diamants et quelques
« autres ornements dont la vue affligeait et faisait

10

« méditer sur la vanité de nos richesses et la fra-
« gilité de notre vie. »

54. Pour avoir du génie, il faut avoir de l'imagination.

55. On fait souvent beaucoup de mal en plai-
santant.

56. Un cœur faux ne prend de l'affabilité que
les grimaces.

57. On n'écrit pas tout ce qu'on pense, quand
on a peur.

58. Tel parait froid qui est violent par caractère.

59. L'homme vain aime les louanges.

60. On s'éloigne avec horreur d'un homme
criminel.

61. Le riche s'ennuie plus que le pauvre.

62. Le temps est immobile, c'est nous qui
passons.

63. Les grands coupables deviennent incrédu-
dules par peur.

64. Les riches qui ne secourent pas les pauvres, trompent Dieu.

65. Les traces de la calomnie ne peuvent disparaître entièrement.

66. On devient vicieux plus aisément que
vertueux.

67. Quand on souffre beaucoup moralement,
on désire souffrir encore davantage pour mourir
ou pour devenir insensible.

68. Il n'y a pas de plaisir sans peine et réciproquement.

69. Le rosier n'était pas encore fleuri, mais il y avait des violettes, et des feuilles tendres commençaient à pousser sur les arbres. La rosée les humectait; on sentait un vent doux et frais; les insectes remuaient sous les herbes et les oiseaux réjouis se désalteraient avec des gouttes de rosée.

70. Dieu punit le méchant par le remords.

71. Le vulgaire accuse qui ne réussit pas.

72. Le paresseux devient pauvre, et l'intempérant, malade.

73. Celui qui cherche à nous jeter dans l'erreur, est mû par une passion ou un intérêt quelconque.

74. En devenant criminel, on devient nécessairement malheureux.

75. Consultez souvent les vieillards.

76. Nous ne sommes pas justes dans notre propre cause.

77. L'homme laborieux manque rarement du nécessaire.

78. La louange plait beaucoup à tout le monde, et l'on aime celui qui loue.

79. Un grand bruit se fait entendre au milieu de la nuit. La mer s'agite et mugit; la terre tremble; on court épouvantés, une montagne voisine s'ouvre et projette dans l'air une colonne de feu;

des rochers tombent de toute parts ; la foudre éclate ; un torrent de lave coule dans les champs et
embrasse les forêts : la terre semble être la proie
d'un incendie qu'un vent violent entretient.

80. Les enthousiastes sont souvent déçus.

81. Les bords du lac de Brienne sont aussi
agréables que ceux du lac de Genève, quoique la
plus grande proximité des rochers et des bois leur
donne un air plus sauvage. Il n'y a pas autant de
champs cultivés, de vignes et d'habitations, mais
il y a plus de prés et de petits bois et d'accidents
de terrain. Le lac de Brienne est peu visité, atten-
du qu'il n'y a pas de routes pour les voitures tout
près de là ; mais il plait à ceux qui aiment les
beautés naturelles, la méditation et un silence qui
n'est troublé que par le cri des aigles, le chant
des oiseaux et le bruit des torrents. Ce bassin est
presque rond ; il y a au milieu deux îles, une grande et l'autre petite, la grande est cultivée ; la petite
est inculte, on y prend sans cesse de la terre pour
reparer les dégats de la grande ce qui la détruit
peu à peu. C'est de cette manière que les pauvres
nourrissent les riches.

82. Les conquérants détruisent tout sur leur
passage.

83. Le vaniteux finit par devenir un sot.

84. Le dissipateur finit par demander l'aumône.

85. Ne mourez pas, sans avoir été utile.

86. L'égoïste ne sait que calculer.

87. On est vraiment grand par le sentiment plutôt que par le savoir.

88. On ne peut être pudique que lorsqu'on a le cœur délicat ; compâtissant, que lorsqu'on l'a sensible.

89. La religion mal comprise tourne au fanatisme facilement.

90. Le méchant timide se fait railleur bien souvent.

91. Peine perdue que de raisonner avec les fous.

92. Les philosophes qui cherchent à justifier les criminels, ne peuvent pas s'appeler bienfaiteurs de l'humanité.

93. Personne ne voudrait être roi, si l'on connaissait les peines de la royauté.

94. On est plus sensible à la peine qu'au plaisir.

95. Une belle réputation n'est pas toujours profitable.

96. L'ambitieux, l'ivrogne et l'avare sont insatiables.

97. Le papillon est supérieur à la rose ; outre la beauté, il jouit de tous nos sens, et il a une âme. Il se nourrit du suc de la rose, et il dépose, autour de ses branches, ses œufs protégés par les épines qui garnissent le rosier. La rose insensible

se laisse cueillir ; mais le papillon s'échappe, voltige et va chercher d'autres fleurs pour s'y reposer.

98. Il est probable que les âmes de tous les grands hommes vont au ciel.

99. La religion rend sensibles ceux qui ne le sont pas naturellement.

100. Les sots ont recours à la parure.

101. On se promet des jouissances où l'on ne trouve que des peines.

102. Un homme porteur d'un grand nom paraît plus petit, s'il est sans mérite.

103. Les rois sont dominés par l'opinion.

104. Il y a des paroles piquantes qu'il faut laisser passer, sans explication.

105. Quand un pauvre est honnête, il l'est toujours quoiqu'on fasse.

106. On ne parvient aux postes élevés que par un grand mérite ou par des bassesses.

107. Les romans sont dangereux soit en donnant des vices soit en donnant de fausses idées de perfection.

108. « Le soleil ne faisait que de se lever, et « il éclairait le Capitole, les dômes de la ville de « Rome ; le peuple accourait en foule vers le « cirque pour attendre l'ouverture des portes.

« Elles furent ouvertes et la multitude couvrit « bientôt tous les sièges ; l'arène était encore dé-

« serte. Plusieurs heures après, on annonça l'ar-
« rivée de l'empereur Adrien.

« La foule aussitôt applaudit avec fureur et
« témoigna énergiment son impatience et sa joie.
« Mais au milieu de tout ce tumulte on distinguait
« ces vociférations : « Les chrétiens aux lions ! «Le
« grand peuple n'était venu là que pour se procurer
« le plaisir de voir combattre des martyrs avec des
« bêtes féroces. »

109. La guerre est ruineuse.

110. Celui qui cherche les plaisirs peut ne
trouver que des peines.

111. L'homme irréligieux est sans motif de consolation dans ses malheurs.

112. Dans tous les instants il meurt quelqu'un.

113. On est plus vertueux quand on est malheureux.

114. L'homme de bien ne peut pas aimer les
méchants.

115. Vers le soir, je descendais des lieux élevés
aux bords du lac, dans quelque endroit retiré pour
rêver, souvent jusqu'à la nuit, au bruit de l'eau.
Ce bruit de l'eau causé par le flux et le reflux et
se renflant par moments, tenait lieu de ma propre agitation et me donnait le sentiment vague de
mon existence, sans que j'eusse besoin pour cela
d'avoir des pensées volontaires. Cependant, de
temps en temps, en voyant la surface mobile de

l'eau, je faisais une courte réflexion sur la mobi-
lité des événements. Mais cela ne durait qu'un
moment, et je recommençais à rêver avec tant
d'abandon et de plaisir que je ne pouvais quitter
cet état qu'avec effort, lorsque le signal convenu
du départ était donné.

116. L'ivrogne ruine sa famille.

117. Le sang-froid d'un joueur n'est qu'appa-
rent.

118. On mange, on dort et l'on se porte bien,
quand on fait des travaux manuels.

119. Il n'y a pas de plaisir plus pur et plus
durable que celui de la bienfaisance.

120. On commence à être ingrat en cherchant
à deviner les motifs du bienfaiteur.

121. C'est un grand dépit pour une femme qui
ne sut qu'être jolie, que de vieillir.

122. Le désir est insatiable.

132. Il est bon pour les mœurs que quelques
hommes immoraux tombent dans l'infortune.

124. Oubliez les médisances et les calomnies
et ne fréquentez plus ceux qui les ont faites.

125. On succombe au malheur, quand on ne
cherche pas à en sortir.

126 Il n'y a pas d'abus ancien, quand on en
souffre.

127. On sera heureux ou non, suivant qu'on est
sensé ou non, studieux ou non, quand on est jeune.

128. Vous ne pouvez être heureux qu'en étant vertueux.

129. Formées sur la mer, les vapeurs d'eau vont arroser la terre. Dieu ordonne aux vents de les distribuer partout, et les vents les poussent en leur donnant des formes diverses. Elles s'étendent diaphanes et brillantes, ou elles se condensent en nuages orageux, et elles tombent en rosée, en grêle, en neige, ou en pluies torrentielles.

130. Le travail préserve du vice.

131. Un juge passionné est injuste et cruel.

132. L'envie nous montre les hommes supérieurs.

133. Le peureux a peur même quand il n'entend rien.

134. Celui qui avoue mérite indulgence.

135. Ne faites rien dont on puisse médire.

136. Le coupable cherche des prétextes.

137. Les maximes morales nous montrent le mal et dirigent notre conduite.

138. Les charlatans donnent des mots sonores au lieu de pensées.

139. Le jeune homme n'aime pas les lieux où il est gêné dans ses idées et dans ses mouvements. C'est la campagne qu'il lui faut, pour exercer ses forces, pour manier les chevaux rétifs et combattre les bêtes féroces. Là, il peut jouir de toute sa liberté d'action; il transporte de gros fardeaux, il

se plait à remuer d'énormes fragments de rocher, à renverser un arbre, à courir plus vite que ses chiens.

Le jeune homme est heureux quand sa grande activité est toute dirigée vers le bien.

140. La raison a moins de pouvoir que les passions.

141. Nul ne peut dire avoir toujours été heureux.

142. Voyez ces cabanes au milieu des arbre, qui les abritent contre le vent du nord et les chaleurs du midi. Elles ont chacune leur verger fermé par une haie vive. Au devant sont des champ fertiles, et au fond de la vallée des pâturages couverts de troupeaux et variés par des touffes d'arbres de toute sorte. C'est ici qu'on jouit de la pai: et du bonheur.

143. Près, forêts, fontaines, rochers, solitude délicieuses! heureux sera celui qui pourra vou apprécier, mais plus heureux celui qui peut habiter parmi vous dans le bien qu'il a hérité de se parents!

144. C'est mal calculer que de profiter di malheur d'autrui.

145. L'homme bienfaisant est seul estimable.

146. L'espérance d'une autre vie nous soutient dans notre abattement,

147. La civilisation nous apprend à déguiser notre naturel.

148. Les ouvrages d'art qui n'ont pas d'expression, manquent de ce qui en fait le principal mérite.

149. Nous pouvions alors regarder, sans en être éblouis, le soleil couchant. Nous le voyions à travers les cordages du vaisseau, et comme la poupe se balançait, il semblait changer de place. Tout le navire à cette heure prit une teinte rose. Il n'y avait que quelques nuages vers l'orient; la lune ne faisait que de se lever. Entre elle et le soleil couchant, se dressait une trombe d'eau, comme une colonne qui soutiendrait le ciel.

150. Après la peine qu'on a prise pour acquérir de la réputation, vient la peine de la conserver.

151. Le bonheur est le partage de la médiocrité plutôt que de l'opulence.

152. Si, lorsque Dieu eut créé l'homme, il l'eût laissé à lui-même, celui-ci aurait-il pu vivre ? Aurait-il demandé aux campagnes les fruits qui lui étaient destinés, à la terre des racines, aux plantes médicinales, des remèdes? Aurait-il dit à la vache de lui donner du lait, à la brebis sa toison pour le rechauffer, au chien de le défendre contre les bêtes féroces. Il n'aurait pas pu soumettre à ses besoins tant d'animaux plus rusésplus légers et plus forts que lui, si Dieu ne leur avait ordonné d'obéir à l'homme comme au roi de la création.

153. La gloire est souvent bien fugitive

154. Après un grand malheur, le moindre accident nous alarme.

155. Nous oublions nos peines en nous endormant, tous les soirs, pour les reprendre le matin.

156. Il est difficile qu'un gouvernement ne périsse pas quand les gouvernants et les gouvernés se laissent aller à des luttes passionnées.

157. L'ambitieux ne jouit pas de la vie.

158. Il faut apprendre beaucoup de pensées morales pour bien se conduire.

159. Quand on est fatigué du monde, on se plait dans la solitude, comme on l'avait espéré.

160. Lorsqu'on veut étouffer la vérité, par la persécution, elle se fait jour par des révolutions.

161. Soyez toujours raisonnable et juste; si vous périssez pour l'avoir été, ce sera honorablement.

162. La diplomatie n'aboutit à rien, quand il ne s'y joint pas la menace de la guerre.

163. Dans le malheur, nous cherchons, sans le trouver, le moyen d'en sortir.

164. L'auteur d'un système prétend tout expliquer avec lui.

165. Il est affreux de se voir au lit de mort sous la crainte des peines éternelles, sans pouvoir se rappeler une bonne action.

166. Pour avoir de hautes pensées, il faut mettre de côté les intérêts matériels.

167. L'ambitieux devient cruel pour s'élever.

168. A mesure qu'on avance en âge, la vie sociale devient de plus en plus désagréable.

169. Disputer longtemps sur une question, c'est l'embrouiller.

170. Rien de plus généreux que de faire du bien à ses ennemis.

171. On ne détruit un vieil abus que par la violence.

172. L'impie s'épouvante aux approches de la mort.

173. « On entend des cris; les troupeaux « fuient; des montagnards sortent des châlets en « criant : A l'ours! Une jeune fille était poursui- « vie par l'animal. Un ravin nous séparait d'elle.

« Un jeune pâtre robuste abat un sapin qu'il « traîne sur le précipice et passe de l'autre côté.

« La jeune Lisbech allait être saisie; le jeune « Fritz la défend avec sa hache, et le combat « commence. Le pâtre est en sang, l'ours aussi « est blessé. Enfin, après une lutte acharnée « l'ours est frappé sur la tête et tombe à quelques « pas de là. »

174. L'homme de génie domine les envieux.

175. La magnificence de la royauté en cache les peines.

176. Un grand nom sans mérite n'est rien.

177. Tout homme à son idée à laquelle il rapporte tout.

178. Sans la raison, la personne la plus pure peut s'égarer.

179. Les lâches s'abaissent pour se sauver.

180. Quand nous avons perdu toutes les personnes que nous aimions, nous pensons au ciel, pour continuer à vivre avec elles.

181. Au plus fort de nos agitations, nous aspirons au repos.

182. Celui qui regarde fixement a des principes fixes.

183. Les vents agitaient les arbres qui avaient chacun un mouvement particulier. Le chêne ne remue que ses branches, le sapin branle la tête, le peuplier agite ses feuilles, le bouleau balance ses longs rameaux. On dirait qu'ils veulent exprimer divers sentiments : Celui-ci se courbe en signe de respect, celui-là embrasse son voisin en signe d'amitié, cet autre se démène comme un homme en colère. Tout cela n'est pourtant qu'un jeu du vent. On voit quelquefois un vieux chêne qui n'a plus que des branches sans feuilles ; il est l'image d'un vieillard impassible qui a vécu dans un autre temps.

184. Un homme méchant n'écrit que des méchancetés.

185. Le théâtre et les romans nuisent à l'histoire et à la compassion qu'on doit avoir pour les malheureux.

186. Bien élevé ne fréquentez pas les gens mal élevés.

187. Les discordes ne finissent qu'après avoir fait beaucoup de mal.

188. « Les coursiers ne purent plus se lancer
« dans les plaines de la terre couverte d'eau ; les
« vaisseaux ne purent plus naviguer sur la mer
« agitée. L'homme chercha un refuge sur les
« montagnes ; mais des torrents en coulaient avec
« grand fracas, au milieu des vents et des ton-
« nerres, et leurs sommets étaient couverts de
« nuages qui interceptaient le jour. Vainement
« il regardait vers l'aurore ; il ne voyait que des
« nuages et des éclairs ; le soleil ne semblait qu'un
« disque rougeâtre qui suivait une route diffé-
« rente de sa route ordinaire.

« En voyant ce désordre, l'homme jugea que la
« terre était perdue. Comme il ne pouvait, au mo-
« ment de sa mort, avoir la consolation de l'hom-
« me vertueux, il chercha à se rapprocher de ses
« parents et de ses amis ; mais dans ce malheureux
« siècle, où tout sentiment naturel était détruit,
« on se repoussait mutuellement. Tout périt dans
« le déluge : villes, palais, pyramides, arcs de
« triomphe ; et vous aussi grottes, bocages, caba-

« nes ! Il ne resta plus rien de la gloire et du bon-
« heur des hommes, dans ces jours où la nature
« détruisait tout ce qu'elle avait produit. »

189. Il y a en tout du bien et du mal.

190. Le plaisir cache bien des peines.

191. Le cœur est libre quoiqu'on fasse pour
l'opprimer.

192. Dans un pays en révolution, l'homme
prudent s'efface autant qu'il peut.

193. Ne vous trouvez pas dans les Alpes par
une nuit obscure, quand le vent souffle et que les
loups hurlent, car le froid vous engourdirait en
vous faisant beaucoup souffrir. On est oppressé,
on a la tête brûlante et les idées s'obscurcissent,
et l'on a peur, bien qu'on eût assisté à des batailles
et qu'on eût essuyé des naufrages ; car on peut
s'engloutir dans quelque précipice caché. Cependant vous ne devez pas vous arrêter, parce que la
neige dont vous seriez couvert vous glacerait le
sang, et vous ne perdriez votre connaissance qu'a-
vec la vie.

194. L'homme insensible ne peut avoir du
génie.

195. On doit critiquer pour instruire et non
pour offenser.

196. Dans les révolutions on voit des médio-
crités se mettre à la tête du gouvernement.

197. Les hommes vicieux eux-mêmes respec-

tent la vertu quand une belle personne la défend.

198. Nous arrivons au terme de la vie désillusionnés et infirmes.

199. Les grandeurs et les richesses ne sont que des surfaces qui couvrent des douleurs secrètes.

200. La beauté est embellie par la pudeur.

201. Nous courons après le bonheur et nous n'en voulons plus quand nous y avons atteint.

202. Rien d'ancien n'est beau comme un vieillard vénérable.

203. Oubliez les injures et souvenez-vous des services.

204. L'homme fortuné est prodigue.

205. Nos pensées sont trop souvent vides et fugitives.

206. On connaît ses amis dans le malheur.

207. Veillez à votre réputation afin que la calomnie ne l'atteigne pas.

208. L'opinion nous tyrannise; nous tremblons devant elle.

209. On ne peut juger d'un homme que lorsqu'il est au poste qui lui convient.

210. « Une heure après que le soleil se fût « couché, la lune se leva; du côté opposé, il « soufflait un vent parfumé dans les bois. La « lune monta lentement, et on la voyait ou seule « ou à travers les nuages. Ces nuages, en variant « leur formes, ressemblaient dans le ciel à de

« longues bandes blanches, ou ils se divisaient
« en mille parties, ou ils se réunissaient en une
« série de montagnes de coton ouaté.

« Le spectacle n'était pas moins agréable sur
« la terre, la clarté de la lune passait à travers les
« arbres jusqu'aux endroits les plus obscurs. Au-
« près était une rivière qui disparaissait quelque-
« fois sous les arbres pour reparaître plus loin en
« réfléchissant les étoiles. De l'autre côté de la
« rivière, l'herbe des prés étaient faiblement
« éclairée. On aurait dit que les bouleaux agités
« par le vent formaient, dans les prairies, des
« ombres d'îles. Tout était silencieux auprès de
« moi; on n'entendait guère que le bruit des
« feuilles qui tombaient, le bruit de quelques
« bouffées de vent et quelques cris de la hulotte
« par intervalles: mais dans le lointain on enten-
« dait le bruit confus de la cataracte de Niagara
« qui se prolongeait et allait finir dans les vastes
« forêts. »

211. Une personne sensible s'émeut d'un rien.

212. La science est sans limites.

213. L'homme qui s'irrite facilement ne peut
garder un secret.

214. Quelque affligé que l'on soit, la flatterie
n'offense pas.

215. Il y a des pensées agréables qui ne fixent
l'attention qu'isolées.

216. Les passions sont insatiables quand elles sont excessives.

217. Les hommes adroits et légers ne se compromettent jamais en temps de révolution.

218. « Au commencement du printemps, les
« croisés impatients se rendirent aux lieux du
« rassemblement, la plupart à pied, quelques-uns
« à cheval, d'autres sur des chars traînés par des
« bœufs, d'autres sur des barques le long des
« côtes ou sur les fleuves. Il y avait beaucoup de
« variété dans les costumes et dans les armes. On
« y voyait des femmes armées parmi les soldats,
« des vieillards et des enfants, des riches et des
« pauvres, des moines avec des guerriers, des
« évêques avec des officiers, des seigneurs avec
« des serfs, des maîtres avec des domestiques.

« Tout près des villes et des lieux fortifiés, dans
« la plaine comme sur la montagne, on avait fait
« des abris et des autels, des apprêts de guerre
« et de fête. Ici on faisait l'exercice des troupes,
« là on prêchait, ici le bruit des musiques guer-
« rières, là des chants d'église. Depuis le Tibre
« à l'Océan, depuis le Rhin jusqu'en Espagne,
« on voyait marcher partout des troupes de croi-
« sés qui juraient la mort des Sarrasins en criant :
« Dieu le veut ! »

219. La naissance, la vie et la mort sont inexplicables sans la religion.

220. C'est un mal que de pouvoir, jeune encore, satisfaire tous ses désirs.

221. On a toujours à souffrir de la fréquentation du grand monde.

222. On prévoit mal quand on craint ou qu'on espère.

223. On a tout à craindre d'un homme qu'on a humilié et offensé au dernier point.

224. Il faut être fou pour être jaloux de quelqu'un parce qu'il est heureux.

225. Les traces de la calomnie ne peuvent s'effacer tout à fait.

226. Les courtisans sont toujours rampants.

227. Il faut en tout faire la part des ignorants et des sots.

228. On ne voudrait pas recommencer la vie lorsqu'on la connaît.

229. La religion offre, au scélérat près de mourir, le ciel pour un repentir.

230. Il faut censurer poliment.

231. L'intérêt ne se détermine pas fermement comme la vertu, dans les occasions délicates.

232. Les hommes faibles cèdent à la peur.

233. On se fait tort à soi-même en médisant ou en calomniant.

234. L'horizon était noir et chaud, le soleil pâle, l'eau tranquille, mais d'une couleur sombre et variante. Déjà le ciel tout couvert était traversé

par quelques éclairs. Toute la nature était comme inquiète et nous l'étions aussi. Nous allâmes nous réfugier dans le vestibule du temple. Mais un moment après, les éclairs se succédèrent, les nuages se mirent en mouvement et se fondirent en averses de pluie, tandis que les vents soufflaient avec violence et soulevaient la mer. Il se faisait un bruit épouvantable autour de nous et loin de nous: le vent, le tonnerre, la mer, les échos. Mais le vent ayant redoublé, l'orage fut poussé en Afrique. Alors le soleil reparut et la mer se calma peu à peu complètement.

235. Bonne politique que de forcer un hypocrite à une bonne action.

236. Un homme vil est arrogant.

237. Il y a souvent de l'orgueil sous l'apparence de l'humilité.

238. Les rois se perdent quand ils ne font aucun cas de l'opinion publique.

239. Dans les révolutions, on voit disparaître en un instant des hommes qu'on croyait supérieurs.

240. Le bonheur fuit à mesure qu'on le poursuit.

241. On ne peut être heureux sans religion.

242. On espère jusqu'à la mort.

243. Un avare n'a rien, quelque riche qu'il soit.

244. La philosophie divine peut seule modérer nos désirs de bonheur.

245. Un homme fier aime mieux mourir que de s'humilier devant un tyran.

246. Il est dangereux de blesser l'amour-propre.

247. Le voyageur arrive auprès d'un grand lac glacé et recouvert d'une même couche de neige. Des patineurs, la figure et les mains couvertes, pour les garantir du froid, tracent en glissant toute sorte de figures. On se croirait transporté sur la place publique d'une grande ville. Quelques-uns se choquent en passant, et, près de tomber, ils prêtent à rire aux spectateurs. Mais ils s'appuient sur un talon, s'arrêtent un moment et ils recommencent leur course.

248. C'est un état affreux que l'état de celui qui est près de mourir, ayant une mauvaise conscience.

249. On rend souvent des hommages respectueux à des hommes méprisables malgré leurs dignités.

250. Il faut avoir l'expérience du monde pour se permettre de diriger les autres.

251. C'est se préparer de doux souvenirs que de faire du bien aux pauvres.

252. L'homme dompte les éléments. Il a voulu arriver promptement à un lieu éloigné et il a soumis le cheval ; il a voulu traverser les déserts, et il a soumis le dromadaire ; il a voulu traverser les

mers, et il a construit des vaisseaux et profité des vents; il a voulu voyager commodément sur terre, et il a inventé les voitures garnies de verres transparents; il a voulu s'élever dans l'air, il s'est servi du feu ou de l'eau décomposée pour gonfler les ballons. La terre, l'eau, le feu, tout lui a servi.

Homme, relève ta tête! Honneur à l'esprit qui t'anime! honneur à la science!

253. Les grands comme les petits éprouvent des revers; mais on parle de ceux-là et l'on ne dit rien de ceux-ci.

254. Le conquérant se fatigue beaucoup pour faire parler de lui un moment.

255. On ne convertit pas à la vérité par la persécution.

256. Chacun s'imagine un avenir qui ne se réalise pas.

257. On n'acquiert de l'instruction que par le travail.

258. On perd, au cabaret, son argent avec sa raison.

259. Quelquefois ceux qui ne méritent pas la fortune la perdent tout à coup.

260. La haine et la jalousie consument.

261. On ne jouit pas des éloges, quand il y a quelqu'un qui peut se plaindre.

262. Vos études et vos lectures doivent vous rendre plus moraux.

263. Sans quelques chagrins, la vie serait fastidieuse.

264. Un ennemi faible peut beaucoup nuire.

265. Un peuple ignorant renferme beaucoup de méchants.

266. Rien n'est fastidieux comme des vers sans poésie.

267. « Il se fit alors une des choses qui éton-
« nent le plus dans la nature. Le soleil, qui est
« adoré comme un Dieu dans ce pays, s'obscur-
« cit tout à coup, bien qu'il n'y eût aucun nuage
« au ciel, et la nuit se fit; elle tomba du ciel et
« se répandit partout, avec un froid humide. Les
« animaux étonnés restent immobiles; ils sentent
« que l'heure du sommeil n'est pas encore arrivée.
« Ils poussent des cris d'alarme et se réunissent
« en groupes. Les oiseaux qui sont dans l'air ne
« savent où aller. La tourterelle rencontre le
« vautour qui a peur d'elle. Toutes les créatures
« ont peur. Les végétaux s'en ressentent eux-mê-
« mes. On dirait que le monde va périr, et en
« effet, il semble qu'il cesse de vivre. »

« Quant à l'homme il est plus effrayé, parce qu'il
« réfléchit, qu'il prévoit et qu'il n'a aucun pou-
« voir. Curieux et aveugle, il interprète en mal
« ce qu'il ne connaît pas, et il aime mieux crain-
« dre que de ne pas savoir. Les peuples instruits
« ne sont pas exposés à ces terreurs. Ils ont vu les

« éclipses de soleil sans trop s'inquiéter et ils en
« attendent tranquillement le terme. Mais les
« peuples qui adorent le soleil éprouvent un effroi
« inexprimable. Leur Dieu disparaît au moment
« même où il brille le plus, et ils ignorent com-
« plétement pourquoi. La ville de Quito, qui est
« consacrée au soleil, Cusco, les deux camps des
« Incas, tout cela est dans la consternation.

268. Il y a en nous une vertu dont l'office est
de nous aider et de nous secourir. Le bandeau
qu'elle a sur les yeux ne l'empêche pas de voir
l'avenir. Elle promet des plaisirs, elle promet le
bonheur. Sa voix est aussi agréable que son sou-
rire; plus nous vieillissons, plus elle nous console
et nous flatte. Elle donne la main à la foi et à la
charité : c'est l'espérance.

FIN.

*Tout exemplaire non revêtu de ma griffe est
réputé contrefait.*

www.ingramcontent.com/pod-product-compliance
Lightning Source LLC
Chambersburg PA
CBHW060815280326
41934CB00010B/2696